Sekundarstufe

Eckhard Berger

Michelangelo

Anmalen und weitergestalten

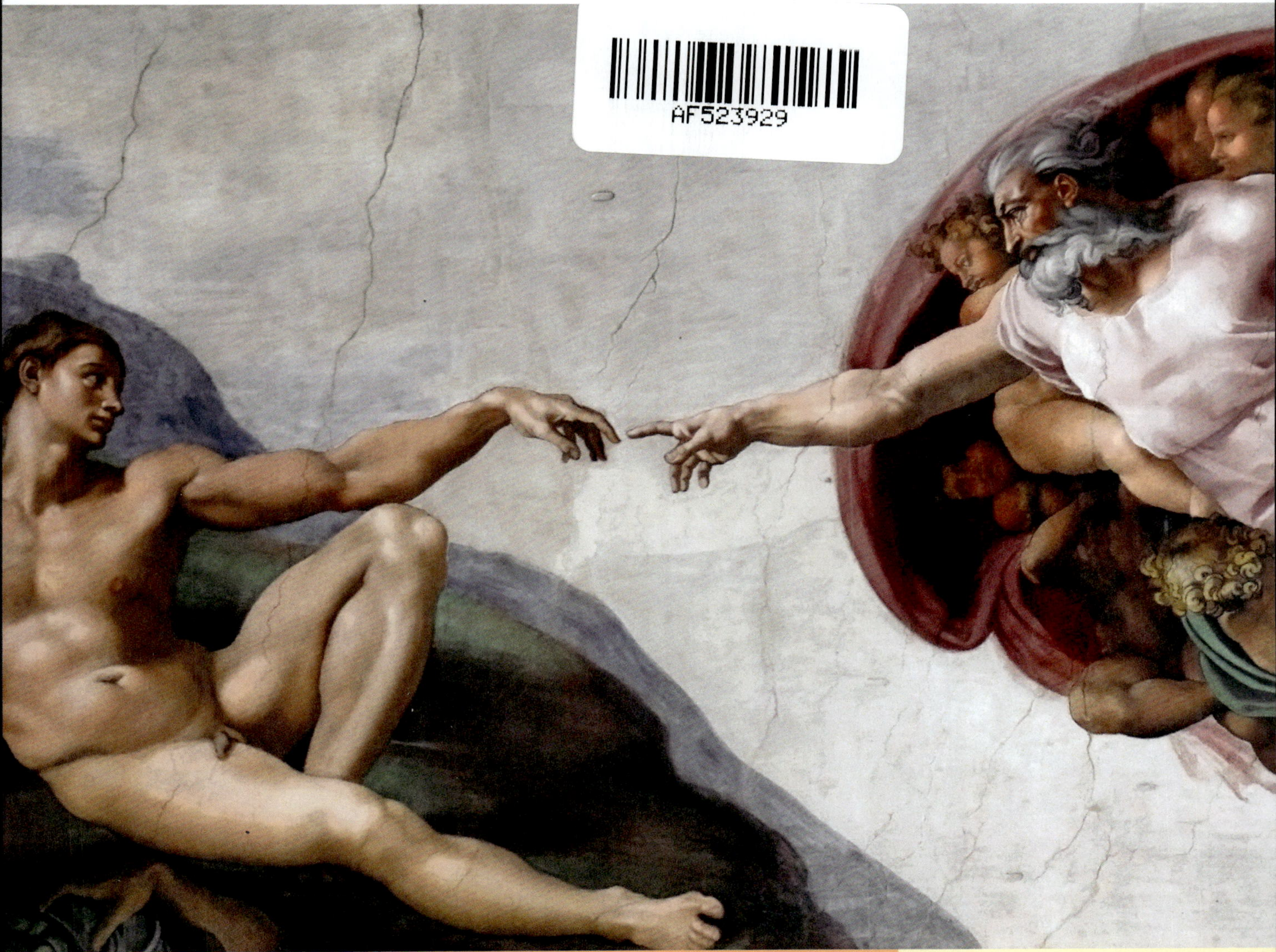

- Aufgaben und Projekte zum Leben und Werk des Künstlers
- Hochwertige Abbildungen und prägnante Sachtexte
- Ein Schulmalbuch

www.kohlverlag.de

Michelangelo
Anmalen und weitergestalten

1. Auflage 2024

Idee und Text: Eckhard Berger
Coverbild: savcoco - AdobeStock.com
Redaktion: Kohl-Verlag
Grafik & Satz: Eckhard Berger und Kohl-Verlag
Druck: Druckerei Flock, Köln

Bestell-Nr. 13 074

ISBN: 978-3-98841-136-5

Bildquellen © adobestock.com

S. 4: © pamela_d_mcadams, Racle Fotodesign, NewFabrika, fotogestoeber; S. 5: © endstern, Givaga, Vivida Photo PC, Mapics; S. 12: © M. Schuppich, Elena; S. 14: © Mistervlad; S. 15: © savcoco, master1305; S. 16: © savcoco, M. Schuppich; S. 20: © ManfredGrandis; S. 21: © jorisvo, photogolfer; S. 22: © littlekop, adisa; S. 23: © Mistervlad, rbkelle, bodot, Brad Pict; S. 24: © savcoco , photogolfer; S. 25: © LianeM, robertdering; S. 26: © JFL Photography; S. 30: © photogolfer; S. 31: © photogolfer;

Bildquellen © wikipedia.com

S. 4: © Metropolitan Museum of Art, online collection; S. 5: © Uffizi_Gallery; S. 11: © National Gallery; S. 13: © Livioandronico2013; S. 17: © DelphicSibylByMichelangelo; S. 20: © autoritratto,_dettaglio

Inhalt

Vorwort und Anleitung 4

Aufgaben

- **Michelangelo** 5
  Beginn einer Kunstlehre als Dreizehnjähriger, Vervollständigung der Bilder seines Lehrherrn, Universalgenie mit dem Beinnamen **„Der Göttliche"**, weltberühmte Meisterbilder und Skulpturen, Gestaltung der Kuppel des Petersdoms
- Sein Porträt weiterzeichnen und anmalen 6
- Als Dreizehnjähriger lernte er bei dem bedeutendsten Künstler 7
- Ein Bild wie Michelangelo weitergestalten 8
- Studienblatt mit Figuren 9
- Er sezierte Leichen, um Körper kennen zu lernen 10
- **„Die Grablegung Christi"** (um 1500-1501) ist unvollendet 11
- Die berühmteste Statue der Welt aus einem Marmorblock 12
- **„Die heilige Familie"** (1503-1504) als Rundbild 13
- Fantastisches Michelangelo-Puzzle 14
- Sein Hauptwerk **„Die Erschaffung Adams"** (1511) 15
- Die Maltechnik in der Sixtinischen Kapelle 16
- Sybillen sind Seherinnen 17
- **„Die lybische Sybille"** (1511) 18
- **„Zacharias"** (1508-1512) war ein bedeutender Prophet 19

Weitere Informationen über Michelangelo 20 - 26

Gemälde 27

Grafiken 28

Skulpturen 29

Abschlusstest 30

Lösungen 31

Autor 32

KOHL VERLAG Lernen mit Erfolg **Michelangelo** – Anmalen und weitergestalten – Bestell-Nr. 13 074

Vorwort

Michelangelo – Anmalen und weitergestalten gehört zu der neuartigen Schulmalbuchreihe, die als Schülerarbeitsbuch oder als Kopiervorlagenwerk einsetzbar ist. Sie führt konzeptionell innovativ und genial einfach direkt in das Leben und in das Werk der großen internationalen Künstler aus Vergangenheit und Gegenwart ein. Schülerinnen und Schüler aller Klassen und Schulformen erwerben begeistert Wissen, malen Bilder farbenprächtig an und gestalten sie ideenreich weiter. Mit fantastischen Ergebnissen belohnen sie sich und werden schnell Kunstexperte. Lehr- und Lerneffizienz sind garantiert.

Daniele Volterra **Michelangelo** um 1544

Michelangelo, Maler, Bildhauer, Grafiker, Architekt und sogar Dichter, galt in seiner Zeit als der bedeutendste Künstler in Europa. Nie zuvor dagewesene Fresken, Skulpturen, und Grafiken schuf er. Päpste und Herrscher waren seine Auftraggeber. Wohin er auch ging, eilte ihm der Ruhm voraus. Trotzdem lebte er bescheiden nur für die Kunst und Religion und arbeitete nahezu pausenlos.
Um Zeit für seine Arbeit zu gewinnen, soll er auch nachts im Bett seine Stiefel nicht ausgezogen haben. Seine Werke sind so genial, dass sie heute noch weltweit bewundert werden und einen erheblichen Einfluss auf die gegenwärtige Kunst ausüben.

Michelangelo – Anmalen und weitergestalten beinhaltet viele prägnante Texte und hochwertige Abbildungen. Alle Aufgaben, die sich in jedes beliebige Format kopieren lassen, sind sorgfältig ausgewählt und erprobt. Sie können chronologisch als Reihe oder beliebig einzeln als Haupt-, Ergänzungs-, Vertiefungs- oder Nebenthema in allen Kunstunterrichtsformen inner- und außerschulisch eingesetzt werden. Auf Grund ihres hohen Selbsterklärungs- und Aufforderungscharakters ist eine Unterrichtsvorbereitung (fast) nicht notwendig. Nach einer kurzen Einführung starten die Schülerinnen und Schüler. Hauptarbeitsmittel sind neben dem Bleistift die Farbstifte (Faser-, Filz- oder Buntstifte). Auf größeren Formaten kann mit Tuschfarben gearbeitet werden.

Viel Freude und Erfolg wünschen bei dem Einsatz des Schülerarbeitsbuchs und Kopiervorlagenwerks **Michelangelo – Anmalen und weitergestalten**

der Kohl-Verlag und *Eckhard Berger*

Michelangelo

Der Maler, Bildhauer, Grafiker, Architekt und Dichter Michelangelo (Foto oben), dessen vollständiger Name **Michelangelo di Lodovico Simoni** war, wurde am 6.3.1475 in Caprese, ein kleiner Ort im Norden Italiens, in eine wohlhabende Familie geboren und starb am 18.2.1564 in Rom.
Als gerade Dreizehnjähriger begann er eine Lehre bei einem berühmten Künstler in Florenz. Bald durfte er auf Grund seines Könnens dessen Bilder weitermalen.
Er schuf später die berühmte Skulptur **„David“**, malte die fantastischen Bilder in der **Sixtinischen Kapelle** und gestaltete die Kuppel des **Petersdoms** in Rom. Herrscher und Päpste gehörten zu seinen Auftraggebern.
Er war ein Universalgenie und ohne Zweifel einer der größten Künstler aller Zeiten und hatte zu Lebzeiten den Beinamen **„Der Göttliche“.**

Er wohnte und arbeitete in den Städten Florenz, Bologna, Venedig und Rom.

Aufgabe: *Finde Italien und die Städte in deinem Atlas. Trage Caprese im Norden Italiens ein. Male die Städte rot und Italien grün an.*

Michelangelo schrieb so seinen Namen:

Schreibe deinen Namen in den Kasten.

Michelangelo – Anmalen und weitergestalten – Bestell-Nr. 13 074

Sein Porträt weiterzeichnen und anmalen

Michelangelo wurde etwa 89 Jahre alt. Es gibt von ihm mehrere Porträts als Zeichnung, Malerei und Skulptur. Hier siehst du ihn im Alter von rund 70 Jahren.

Aufgabe: *Zeichne sein Porträt weiter und ergänze einen Hintergrund. Male alles an.*

Als Dreizehnjähriger lernte er bei dem bedeutendsten Künstler

Nachdem der erst dreizehnjährige Michelangelo seinen Vater überredet hatte, durfte er eine Kunstlehre bei Domenico Ghirlandaio machen, der damals der bedeutendste Künstler in Florenz war. Hier siehst du ihn sitzend bei der Arbeit an seinem Gemälde **„Anbetung der Könige“** (1488). Er hat sich in dem Bild in der Mitte rechts neben der Person in schwarzer Kleidung porträtiert und schaut dich direkt an. Vorne siehst du die drei heiligen Könige, die das gerade geborene Jesuskind bei seinen Eltern Maria und Jesus anbeten und beschenken.

<u>Aufgabe</u>: *Informiere dich über seine Geburt. Finde den Künstler und markiere ihn. Male ihn und seinen Hocker an.*

Ein Bild wie Michelangelo weitergestalten

Michelangelo malte auf Grund seines außergewöhnlichen Talentes bald so gut wie sein Lehrherr, der Künstler Domenico Ghirlandaio, sodass er Teile in dessen Bilder weitermalen durfte. Mache es wie er.

Aufgabe: *Zeichne Ghirlandaios Bild* ***„Alter Mann mit Enkel"*** *(1488) weiter. Male es an.*

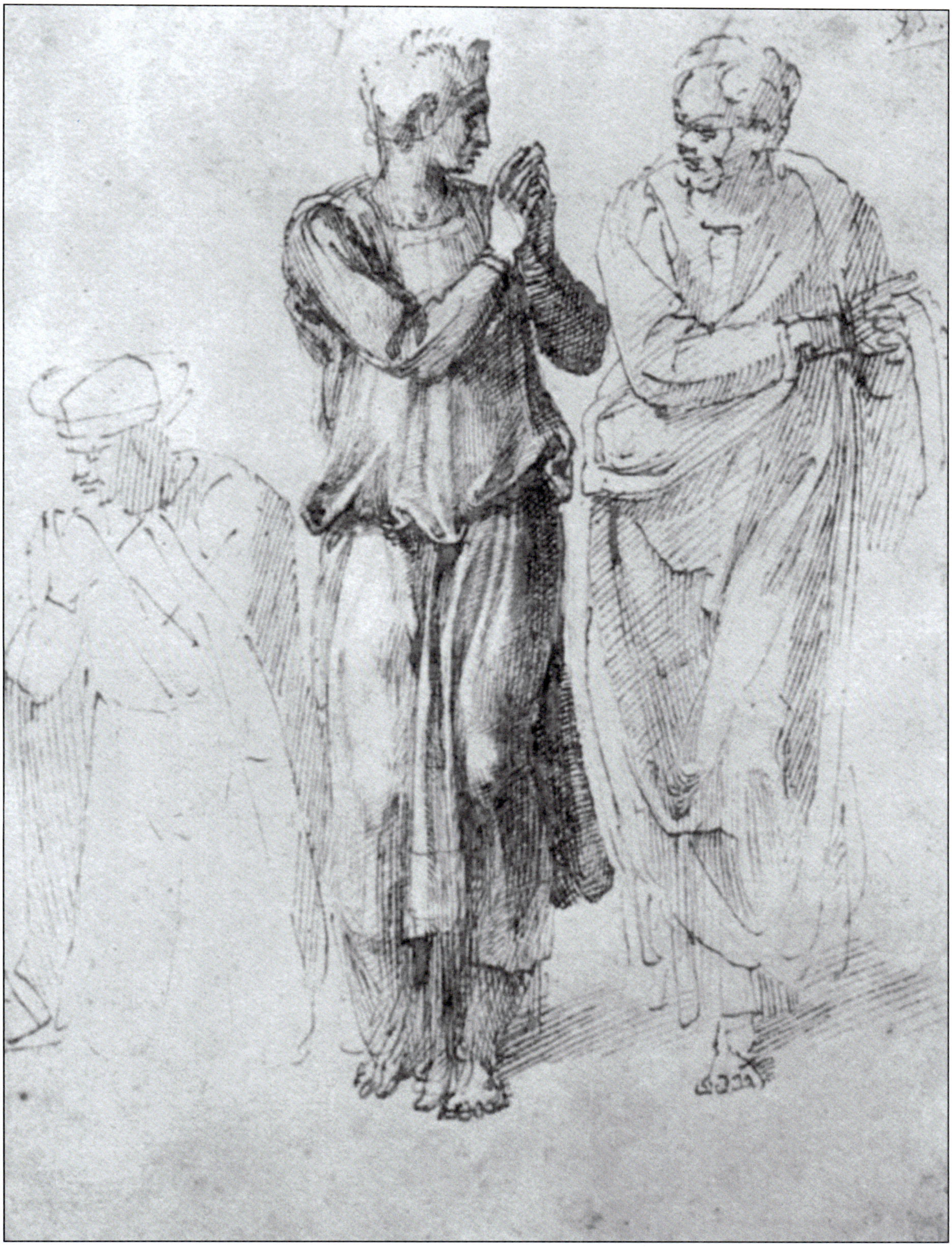

Studienblatt mit Figuren

Michelangelo zeichnete viele Studienblätter. Hier stellte er zwischen 1490 und 1500 drei männlichen Figuren dar.

Aufgabe: *Zeichne die linke Figur deutlich nach. Male alle Figuren an.*

Er sezierte Leichen, um Körper kennen zu lernen

1491 sezierte Michelangelo Leichen im Kloster San Spirito in Florenz, weil er das Innere von Menschen kennen lernen wollte.

Aufgabe: Schneide die Teile aus. *Klebe in den linken Umriss die Muskeln und in den rechten die Knochen.*

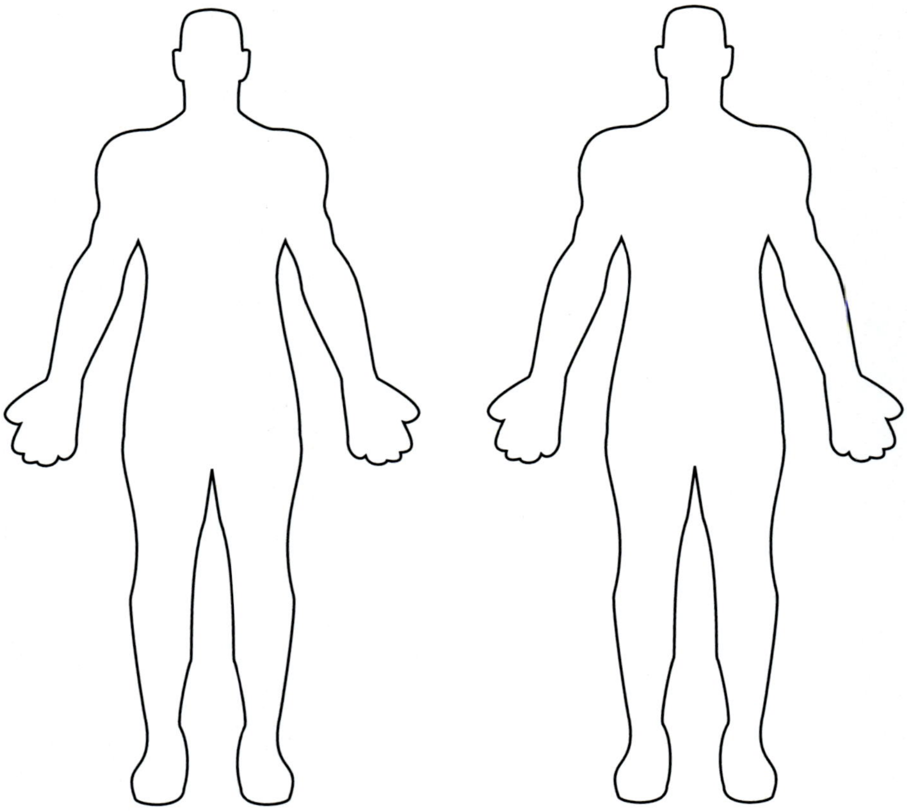

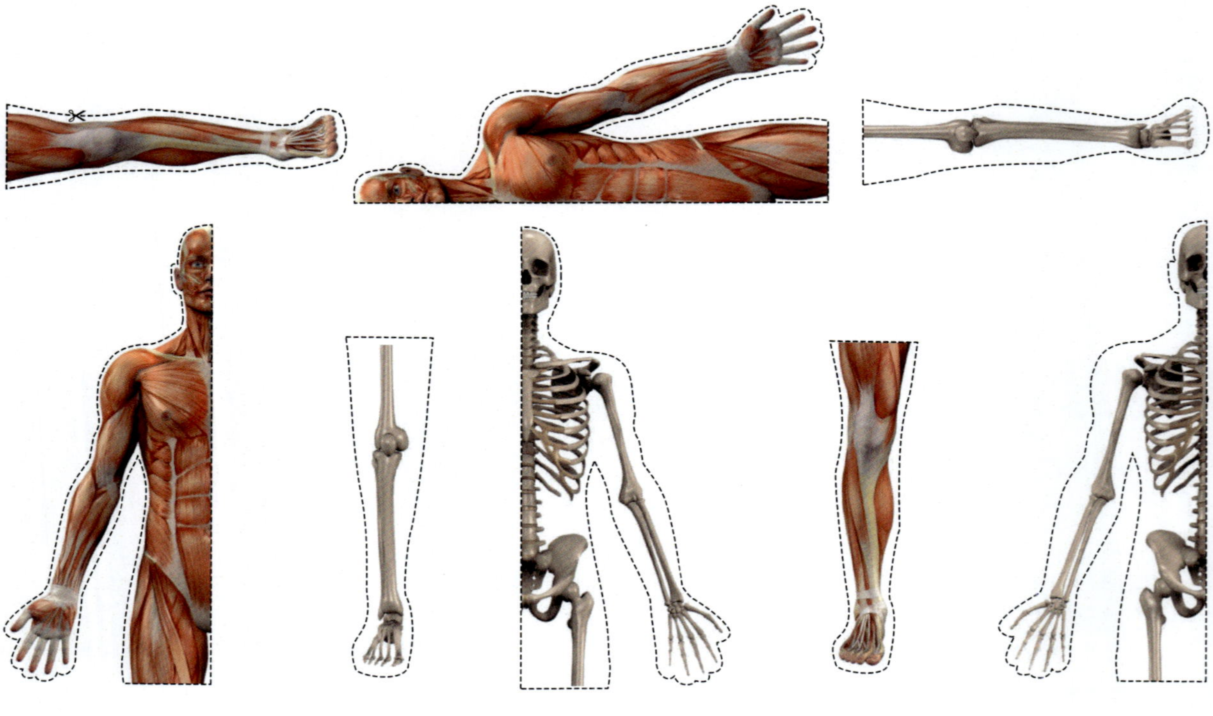

„Die Grablegung Christi“ (um 1500-1501) ist unvollendet

Das Gemälde **„Die Grablegung Christi“** (um 1500-1501), ein unvollendetes Altarbild, gehörte vielen Sammlern, bis es Besitz der National Gallery in London wurde. Es zeigt den toten Christus nach seiner Kreuzigung. Vorne ist umrissartig seine Mutter Maria dargestellt.

Aufgabe: *Schneide die Teile aus und klebe sie auf die richtige Stelle, damit das Kunstwerk in seinem eigentlichen Zustand fertig ist. Zeichne ihm einen farbigen Rahmen.*

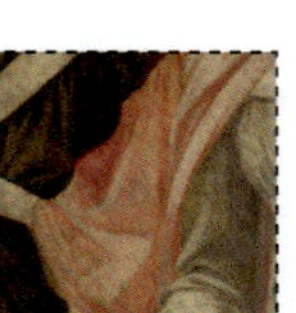

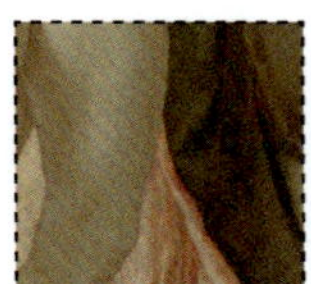
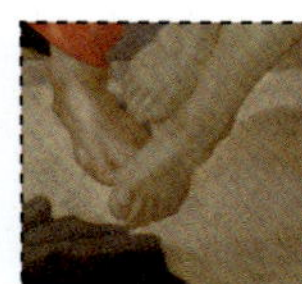

KOHL VERLAG Lernen mit Erfolg **Michelangelo** – Anmalen und weitergestalten – Bestell-Nr. 13 074

Die berühmteste Statue der Welt aus einem Marmorblock

Die berühmteste Statue der Welt ist **„David"** (1504), die Michelangelo über fünf Meter hoch aus einem Marmorblock schuf. Sie zeigt David, der den Riesen Goliath besiegte.

Aufgabe: *Berichte von der Geschichte aus der Bibel. Wähle eine Ansicht von Davids Kopf. Zeichne sie mit dem Bleistift unter Anwendung der Schraffurtechnik nach. Gestalte einen Kopf um eine Styroporkugel nach dem Rezept unten.*

Rezept

- etwa 500 Gramm weißer Modelliergips
- Messer und weiteres Besteck zum Modellieren
- 1 Styroporkugel mit etwa 20 Zentimeter Durchmesser

Viel Spaß beim Modellieren des Kopfes um die Kugel.

„Die heilige Familie“ (1503-1504) als Rundbild

Michelangelos Tafelbild **„Die heilige Familie“** entstand zwischen 1503 und 1504 und zeigt Jesus mit seinen Eltern Maria und Josef. Es ist ein Tondo, ein Rundbild.

Aufgabe: *Beschreibe den Inhalt. Zeichne die Kleidung der Maria auf der Strichlinie nach und male sie an.*

Fantastisches Michelangelo-Puzzle

Michelangelo wurde der **Göttliche** nach dem Ausmalen des Deckengewölbes der **Sixtinischen Kapelle** in Rom mit Bibelszenen genannt.

Aufgabe: *Klebe das Foto auf eine feste Unterlage, zum Beispiel Pappe oder Karton. Schneide die Teile auf der Strichlinie aus. So erhältst du das fantastische Michelangelo-Puzzle. Viel Spaß beim Spielen!*

Sein Hauptwerk „Die Erschaffung Adams“ (1511)

Beschreibe sein berühmtes Hauptwerk **„Die Erschaffung Adams“** (1511) an der Decke der Sixtinischen Kirche in Rom, in dem sich Gott und Adam, der erste Mensch, beinahe gegenseitig mit dem Finger berühren.

Aufgabe 1: *Male die Szene mit der Hand und dem Arm mit Pinseln und Tuschfarben auf einem Zeichenblockblatt nach.*

Aufgabe 2: *Bilde mit deinen Mitschülern ein Gruppe. Ahmt mit euren Fingern die Berührungsszene in dem Gemälde nach. Schafft weitere Szenen.*

Aufgabe 3: *Zeichne ein Bild mit der vorsichtigen Berührung eines Tieres, einer Pflanze oder eines Gegenstandes mit einer oder beiden Händen.*

Die Maltechnik in der Sixtinischen Kapelle

Bevor Michelangelo ein Bild an die Decke der Sixtinischen Kirche malte, wurde als Anhalt dort ein Papierbogen mit der Zeichnung befestigt. Die Umrisse der Zeichnung wurden mit einem harten, spitzen Stift nachgezogen, sodass sie im frischen Putz als Rillen zu sehen waren.

Aufgabe: *Zeichne den Ausschnitt mit Adam aus dem bekannten Bild **„Die Erschaffung Adams"** auf der gestrichelten Linie mit einem Kugelschreiber weiter und vervollständige ihn.*

Tipp
- Lege ein Blatt Papier unter deine fertige Zeichnung und fahre sie mit viel Druck mit einem Kugelschreiber nach.
- Zeichne dann den Durchdruck nach.

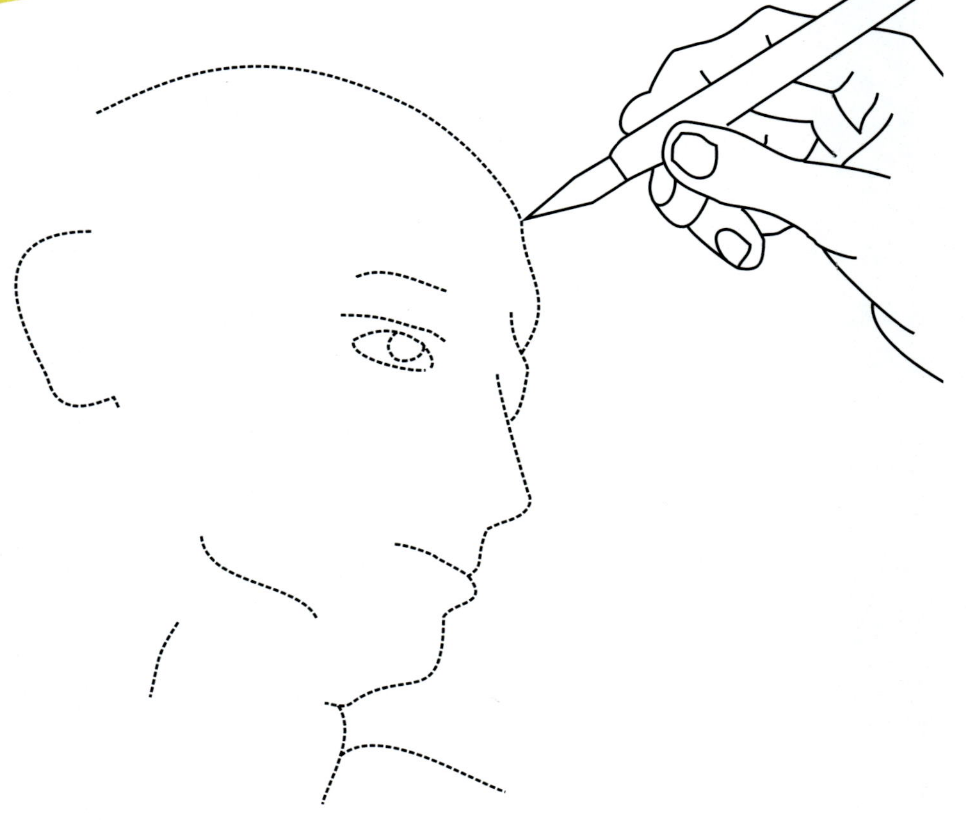

Sybillen sind Seherinnnen

Einen Teil der Sixtinischen Kirche bemalte er mit Sybillen. Sie waren Seherinnen, die die Zukunft voraussagen konnten. Die abgebildete Sybille aus Delphi in Griechenland hatte bereits das Erscheinen Christi angekündigt.

Aufgabe: *Zeichne sie auf der Strichlinie weiter und male sie an.*

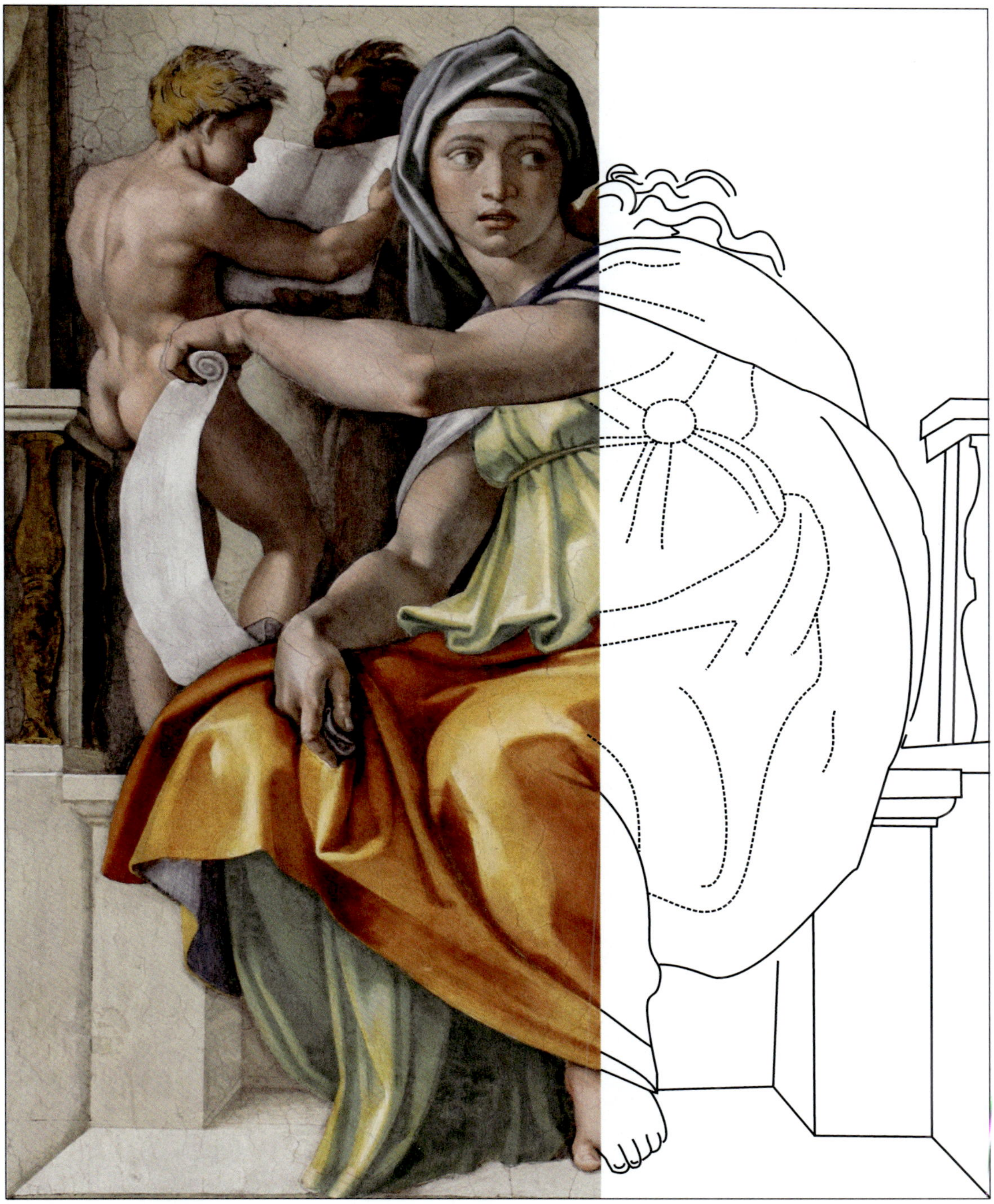

„Die lybische Sybille“ (1511)

1511 malte er eine weitere Seherin und nannte sie ***„Die lybische Sybille“***. Eine zarte Farbigkeit und kompliziert gewundene Haltung sind ihre Merkmale.

Aufgabe: *Beschreibe das Bild. Zeichne in den Lücken weiter und male sie an.*

KOHL VERLAG **Michelangelo** – Anmalen und weitergestalten – Bestell-Nr. 13 074

„Zacharias“ (1508-1512) war ein bedeutender Prophet

Bedeutende Propheten malte er in der Sixtinischen Kirche, denn sie machten die christliche Religion bekannt. Dazu gehörte das zwischen 1508 und 1512 entstandene Bild mit **Zacharias**, der gerade in einer Schrift liest. Er war der Vater des Apostels Paulus.

Aufgabe: *Zeichne seine Kleidung mit den Farbstiften oder dem Bleistift in die Lücke des Bildes oder schneide sie mit der Schere aus und klebe sie dorthin.*

KOHL VERLAG Michelangelo – Anmalen und weitergestalten – Bestell-Nr. 13 074

Informationen zu Michelangelo

Michelangelo, der den vollständigen Namen **Michelangelo di Lodovico Buonarroti Simoni** hatte, wurde am 6. März 1475 in Caprese (Foto oben), einer kleinen Stadt in der Toskana, geboren und starb am 18. Februar 1564 in Rom, der Hauptstadt Italiens. Er war ein italienischer Maler, Bildhauer, Grafiker, Architekt und Dichter. Er zählt zu den wichtigsten Künstlern der **Renaissance**, der Epoche, die sich sehr an der Antike orientierte und von um 1450 bis 1600 dauerte.

Seine Eltern, **Lodovico di Leonardo Buonarroti Simoni** und **Francesca di Neri**, waren sehr angesehen. Er war das zweite Kind und hatte vier Brüder. Als die Amtszeit seines Vaters als Richter und Bürgermeister von Caprese abgelaufen war, zog die Familie in die Nähe von Florenz. Seine Mutter starb, als er sechs Jahre alt war. 1485 heiratete sein Vater noch einmal.

Domenico Ghirlandaio **Selbstporträt** 1488 (Detail aus **Anbetung der Könige**)

Nach dem Besuch der Lateinschule war er dreizehn Jahre und wollte unbedingt Künstler werden, denn Kunst faszinierte ihn sehr. Er redete immer wieder auf seinen Vater ein, ihn in die Lehre bei **Domenico Ghirlandaio** (Foto unten), dem zu der Zeit erfolgreichsten Maler in Florenz, eintreten zu lassen. Schließlich erhielt er die Erlaubnis.

Bei ihm lernte er die **Freskokunst**, die spezielle Maltechnik, bei der die Farben für ein Motiv auf den noch frischen Kalkputz einer Wand aufgetragen werden.

Sehr bald gelang es ihm, in so ausgezeichneter Qualität wie Domenico Ghirlandaio zu malen, sodass er an dessen Gemäldearbeiten beteiligt wurde.

KOHL VERLAG **Michelangelo** – Anmalen und weitergestalten – Bestell-Nr. 13 074

Informationen zu Michelangelo

Wie alle Künstler damals in Florenz studierte Michelangelo die einzigartigen Bilder in der Kirche **Santa Maria del Carmine** (Foto oben) in Florenz.

Um 1489 bildete er sich in der neuen Bildhauerschule unter der Leitung des Bildhauers **Bertoldo di Giovanni** weiter. Er studierte viele Meisterwerke antiker Statuen und entwickelte dabei eine eigene Technik. Sein Ehrgeiz missfiel einem seiner Mitschüler so sehr, dass dieser ihm kräftig in das Gesicht schlug und ihm dabei das Nasenbein brach und somit das Gesicht entstellte. Michelangelo litt darunter sein Leben lang.

Lorenzo de' Medici (Foto unten), Herrscher von Florenz und Kunstliebhaber, war so sehr begeistert von Michelangelos Schaffen, dass er ihn einlud, in seinem Palast zu leben. Er förderte ihn und behandelte ihn wie einen eigenen Sohn. Er gab ihm viele Aufträge. Der nachfolgende Herrscher nach seinem Tod hatte kaum Interesse an Kunst. Das einzige Werk, das er in Auftrag gab, war nur ein Schneemann nach einem kräftigen Schneefall.

Michelangelo kehrte in sein Elternhaus zurück und beschäftigte sich mit der menschlichen Anatomie. Er wollte wissen, wie das Innere des Menschen aussieht, und zeichnete Muskeln und Organe. Dafür sezierte er Leichen in der Kirche des Klosters **San Spirito**. Als Gegenleistung musste er ein Holzkruzifik fertigen.

Informationen zu Michelangelo

1494 lebte er für eine Weile in Venedig, bis er nach Bologna zog, wo er einige Aufträge ausführte.

Die Rückkehr nach Florenz folgte. Dort fertigte er für einen Auftraggeber zwei Figuren. Sie gelangen ihm so gut, dass ihm vorgeschlagen wurde, sie als klassische Antiquität auszugeben. Michelangelo machte den Betrug mit. Teuer wurde die Figur dann verkauft. Der Schwindel flog bald auf und die Kaufsumme musste zurückerstattet werden. Statt einer Bestrafung wurde er wegen seines Könnens noch bekannter und angefragter.

1496 ging er zum ersten Mal nach Rom. Hier schuf er für den französischen Kardinal **Jean de Villiers de la Grolaie** von 1498 bis 1499 die **„Pietà"** (Foto), die Skulptur der bekleideten Maria mit dem unbekleideten toten Christus in den Armen, die heute noch im **Petersdom** (Foto) in Rom zu bewundern ist. Der Dom zählte damals bereits zu den größten und beeindruckendsten Kirchen der Welt. **Pietà** hat die Bedeutung **Mitleid**. Er ärgerte sich aber, weil sein meisterhaftes Werk eine Zeit lang anderen Künstlern zugeschrieben wurde, sein Name nur wenig in Verbindung mit dem Werk genannt wurde und Kritiker behaupteten, Maria wäre als Mutter zu jung dargestellt. Pilger und Herrscher aus vielen Ländern besuchten den Petersdom und die **„Pietà"**.

Informationen zu Michelangelo

1501 kehrte er nach Florenz mit dem Ruf zurück, der größte Bildhauer Italiens zu sein.

Für die Kathedrale von Florenz (Foto oben links)) schuf er die 518 cm hohe Skulptur **„David"** (Fotos oben rechts) von 1501 bis 1504 aus einem riesigen Marmorblock, an dem sich 40 Jahre zuvor bereits ergebnislos ein anderer Künstler versucht hatte. Es war ein Meisterwerk, das David zeigt, der den Riesen Goliath mit einer Steinschleuder gemäß einer Erzählung im alten Testament in der Bibel zeigt. Michelangelos Kenntnisse aus den vergangenen Sezierarbeiten halfen ihm bei der genauen Darstellung.

Auch als Maler war er erfolgreich. Sein bekanntestes Werk aus dieser Zeit ist das auf einer Holzplatte gemalte Rundbild **„Die heilige Familie"** (1506-1508) mit dem Jesuskind und den Eltern Maria und Josef.

1506 verließ er enttäuscht Rom, nachdem Papst **Julius II.** seinen Auftrag, Gestaltung eines Monumentalgrabes mit etwa 40 Statuen und verschiedenen Reliefs, für ihn wieder abgesagt hatte. Er blieb in Florenz.

Drei Jahre später kam er nach Rom zurück, weil der Papst neue Pläne für ihn hatte. Er sollte in der Sixtinischen Kapelle (Foto unten links) das Deckengewölbe (Foto unten rechts) ausmalen. Er sollte auf einer Fläche von 1100 Quadratmetern die Schöpfungsgeschichte darstellen.

Informationen zu Michelangelo

Das Gewölbe war etwa 20 Meter hoch, sodass er sich beim Malen auf ein Gerüst mit dem Rücken legen musste. Dabei wurden seine Augen so sehr geschädigt, dass er viele Monate danach Sehstörungen hatte.

Michelangelo **Schöpfungsgeschichte**:
Scheidung von Licht und Finsternis 1508-1512

Michelangelo
Die Erschaffung Evas 1508-1512

Michelangelo **Schöpfungsgeschichte**:
Ursünde und Vertreibung 1508-1512

Michelangelo Schöpfungsgeschichte:
Schande Noahs 1508-1512

Folgende Themen stellte er dar:

- der Unterschied zwischen Licht und Dunkelheit (Foto oben links)
- die Schöpfung von Sonne, Mond und Sternen
- die Schöpfung des Wassers
- die Erschaffung Adams als ersten Mann
- die Erschaffung Evas als erste Frau (Foto oben rechts)
- die Versuchung und Vertreibung aus dem Paradies (Foto unten links)
- das Opfer Noahs
- die Sintflut
- die Trunkenheit Noahs (Foto unten rechts)

1508 begann Michelangelo gemeinsam mit dreizehn Helfern den Auftrag. Auf der Decke entstanden ringsum Figuren aus der griechischen und römischen Antike und die Propheten des Alten Testaments. Insgesamt sind es etwa 300 Figuren. Als das Werk 1512 vollendet war, kamen von überall zahlreiche Besucher und bestaunten das Werk. Michelangelo wurde mit höchstem Lob überhäuft und gefeiert. Er wurde als **il divino Michelangelo**, der göttliche Michelangelo, gepriesen.

Informationen zu Michelangelo

Allerdings eckte er bald mit seinen Figuren bei der katholischen Kirche an, weil sie unbekleidet und somit nackt zu sehen waren. Nach seinem Tode wurden auf Grund eines Beschlusses ihre Geschlechtsteile von einem seiner Schüler übermalt. Erst bei den Restaurierungsarbeiten im 20. Jahrhundert wurde ihr ursprünglicher Zustand wieder hergestellt.

Michelangelo war als Künstler weiterhin sehr gefragt. So wünschte sich auch der König von Frankreich ein Bild von ihm. Papst **Leo X**. beauftragte ihn, für die Grabmäler der verstorbenen Herrscher aus der Medicifamilie, **Lorenzo** und **Giuliano**, besondere Skulpturen zu gestalten. Es entstand für jedes Grab ein Abbild eines der Herrscher mit zwei Gottheiten zu seinen Füßen (Fotos oben).

1535 wurde er durch **Papst Paul III.** führender Architekt, Bildhauer und Maler im Vatikan. Seine Ernennung zum Baumeister des Peterdoms (Foto unten) folgte. Er entwarf die Kuppel als Krönung des Doms, die heute noch das gesamten Bauwerkes prägt. Ihr Durchmesser beträgt 42,34 Meter.

Michelangelo – Anmalen und weitergestalten – Bestell-Nr. 13 074

Informationen zu Michelangelo

Michelangelo erlebte den Beginn des Baues und führte ihn unter vier folgenden Päpsten aus. Nach seinem Tode 1564 setzte der italienische Architekt und Bildhauer **Giacomo de la Porta** seine Arbeit fort und vollendete sie 1593.

Michelangelo war nie verheiratet und hatte auch keine Kinder. Er sagte, dass die Kunst seine Frau sei. Auffällt seine Vorliebe für die Darstellung nackter männlicher Körper. Ab 1530 erfuhr sein Schüler, der junge adlige **Tommaso Cavalieri**, seine besondere Gunst und Aufmerksamkeit. Ihm widmete er Zeichnungen und Liebesgedichte. Beide Männer blieben lebenslang befreundet. Ansonsten zog Michelangelo vor, allein zu sein, ein maßvolles Leben zu führen und über den Tod nachzudenken. 1544 und 1546 erkrankte er lebensbedrohlich.

Nach seinem Tod am 18. Februar 1564 wurde sein Leichnam nach Florenz gebracht und in der Kirche **Santa Croce** (Foto) beigesetzt. Zu dem feierlichen Gottesdienst am 14. Juli 1564 in der Kirche **San Lorenzo** erschienen über 80 Künstler und Vertreter der oberen Gesellschaftsschichten und nahmen von ihm Abschied.

Bis heute wird Michelangelo bewundert und verehrt. Straßen wurden nach ihm benannt, Gedichte und Geschichten wurden über ihn verfasst und Statuen, Medaillen, Münzen und Briefmarken mit ihm und seinen Werken wurden geschaffen. Seine Werke können als Original oder Reproduktion weltweit gesehen werden. Für viele Künstler war und ist er eine wichtige Orientierung.

Michelangelo
David und Goliath
(Sixtinische Kapelle)
1508-1512

Michelangelo
Der Prophet Daniel
(Sixtinische Kapelle)
1508-1512

Grafiken

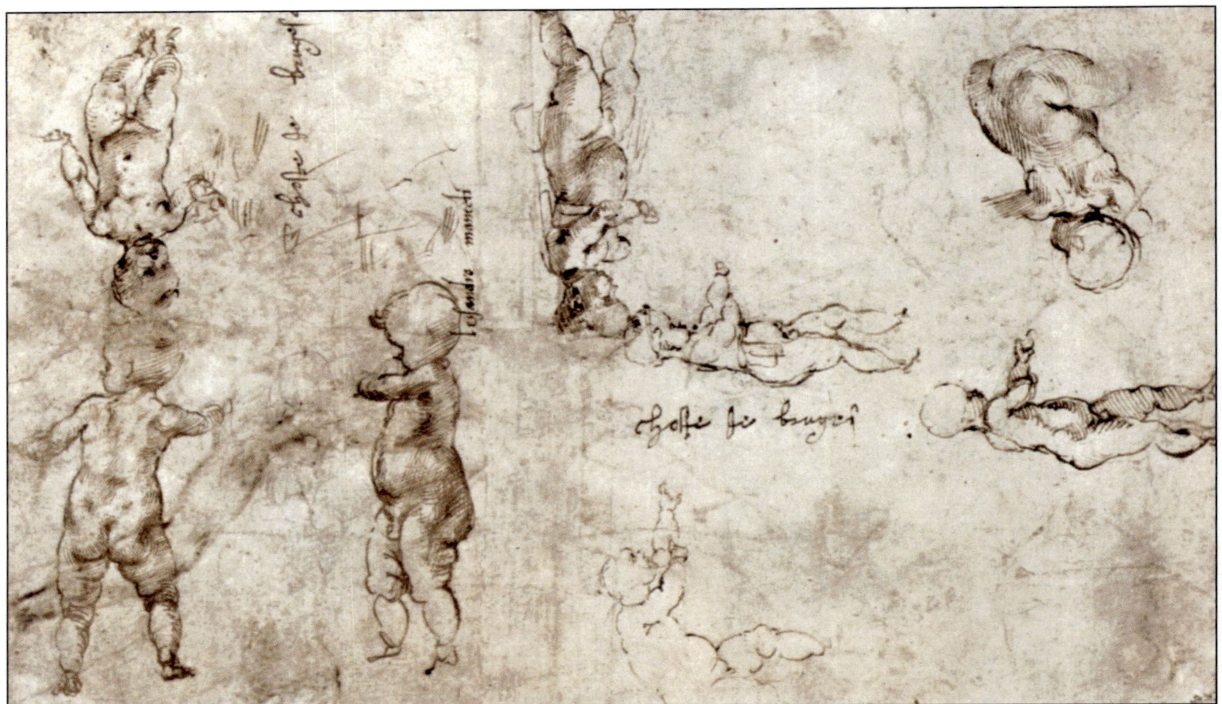

Michelangelo um 1505-1506
(Studienblatt mit Kinderfiguren)

Michelangelo um 1503-1504
(Studien für ein Pferd und einen Reiter)

Michelangelo 1510-1511
(Studien für die Gewölbefresken der Sixtinischen Kapelle: Lybische Sybille)

Skulpturen

Michelangelo **Bacchus** 1496-1497

Michelangelo **Madonna mit Kind** um 1504-1505

Michelangelo **Moses** um 1513-1515

Abschlusstest

1. *Schreibe in die Lücken.*

Michelangelo wurde im Jahr ______ in ______________________________

geboren und starb im Jahr ______ in______________________________.

2. *Unterstreiche, bei wem er Kunst studierte.*

Domenico Ghirlandaio Lorenzo de`Medici Bertoldo di Giovanni

3. *Schreibe die Orte auf, in denen er als Künstler arbeitete.*

______________ ______________ ______________ ______________

4. *Warum sezierte er Leichen?*

____

____

5. *Untersteiche die richtigen Angaben.*

Für die Kathedrale von **Florenz/Köln** schuf er die **10/518** Zentimeter hohe Skulptur **David/Goliath** von **1611 bis 1620/1501 bis 1504** aus einem riesigen **Ytonstein/Marmorblock**.

6. *Verbinde Bilder und Themen aus der Sixtinischen Kapelle mit einer Linie.*

Der Unterschied zwischen Licht und Dunkelheit

Die Erschaffung Evas als erste Frau

7. *Wie heißt die Kirche, deren Kuppel er entwarf?*

____

Lösungen Abschlusstest

1.
1475, Caprese
1564, Rom

2.
Domenico Ghirlandaio
Bertoldo di Giovanni

3.
Florenz, Venedig, Bologna, Rom

4.
Er wollte wissen, wie das Innere des Menschen aussieht, und zeichnete Muskeln und Organe.

5.
Für die Kathedrale von Florenz/**Köln** schuf er die 10/**518** Zentimeter hohe Skulptur **David**/Goliath von 1611 bis 1620/**1501 bis 1504** aus einem riesigen Ytonstein/**Marmorblock**

6.

Der Unterschied zwischen Licht und Dunkelheit

Die Erschaffung Evas als erste Frau

7.
Petersdom

Michelangelo
David und Goliath
(Sixtinische Kapelle)
1508-1512

Michelangelo – Anmalen und weitergestalten – Bestell-Nr. 13 074

Info/Bestellung: Originalkunst teamberger.de **teamberger@web.de**

Grafiken printler.com art-heroes.com
Designs redbubble.com
Mode und Bilder art-shirt.com

Eckhard Berger

Autor, Künstler, Designer, Kunsthistoriker und Kunstreferent

- Geboren am 06.06.1951
- wohnt und arbeitet in Brake/Unterweser
- Kunst-, Pädagogik-, Psychologie- und Soziologiestudium, Universität Oldenburg
- Seit 1987 internationale Kunstausstellungen, Events und Kooperationen mit Künstlern, Galerien und Kulturinstitutionen
- Moderne Grafik, Skulpturen, Kunstkonzepte, Schmuck- und Möbeldesign
- Design der Freizeitmodekollektionen ***Segelimagination*** *und* ***Landschaftsimagination*** *(Ich trage Kunst)*
- Werke im privaten und öffentlichen Besitz
- Grafikeditionen für Liebhaber und Sammler
- Gründung der Aktion ***Kunst hilft****, Bilderspenden für wohltätige Organisationen und Hilfs- und Umweltprojekte*
- Innovative Förderkonzepte für Kinder und Jugendliche
- Autor von neuartigen Praxisbüchern für den modernen Kunstunterricht in Deutschland, Österreich und der Schweiz, andere Fachbereiche (Psychologie, Wahrnehmung, Kreativität und Ernährung) und für die Freizeit
- Vorträge zu populären Pädagogik-, Psychologie-, Kunst-, Kunstpädagogik-, Kunstgeschichts- und Kreativitätsthemen
- Mitwirkung in TV- und Kinofilmen

Über 150 Bücher und Publikationen aus dem Kohl-Verlag verfügbar, u.a.

Farbtopf (Vorschule, GS)
Kunterbunte Farbtopfgeschichten (Vorschule, GS)
Kunststarter (Vorschule, GS)
Konzentrieren können (Vorschule, GS)
Zeichnen können, 4 Bände (Vorschule, GS)
Zusatzmaterial Anfangsunterricht (Vorschule, GS)
5-Minuten-Lesegeschichten (Vorschule, GS)
Schwungübungen (Vorschule, GS)
Bunte Farbe (GS)
Kunstwerke für Schulen, 3 Bände (GS)
Kunst fachfremd unterrichten (GS)
Entspannungsmalen (GS)
Kunst in Kürze (GS)
Buchstaben- und Zahlengeschichten (GS)
Zahlen (GS)
Buchstaben (GS)
Kinder fit fördern, 3 Bände (GS)
Kinderkunstland (GS)
Bildstarke Geschichten (GS)
Emmas Kunstentdeckungen, 2 Bände (GS)
Kunst in 3 Niveaustufen (GS)
Anmalen & Weitergestalten für kleine Künstler (GS)
Freies Kreativzeichnen (GS)
Kunstwerke entdecken und anmalen (GS)
Kompetenzförderung Rätseln, zeichnen & anmalen (GS)
Kompetenzförderung Geschichten lesen, zeichnen & anmalen (GS)
Die Kunstepoche
Kompetenzförderung Wahrnehmen, sich konzentrieren, zeichnen & anmalen (GS)
Kunstbonbons, 5 Bände (GS)
Kreatives Gedächtnistraining (GS)
Vertretungsstunden Kunst (GS)
Kunstgeschichte für Kinder (GS, SEK)
Max Beckmann - Anmalen und weitergestalten, Schulmalbuch, 32 Bände mit Der Blaue Reiter, Die Brücke, Pieter Bruegel, Paul Cézanne, Gustave Courbet, Lucas Cranach, Edgar Degas, Albrecht Dürer, Jan van Eyck, Caspar David Friedrich, Paul Gauguin, Vincent van Gogh, Wassily Kandinsky, Ernst-Ludwig Kirchner, Paul Klee, Gustav Klimt, August Macke, Édouard Manet, Franz Marc, Jean-François Millet, Paula Modersohn-Becker, Claude Monet, Camille Pissarro, Rembrandt, Pierre-Auguste Renoir, Henri Rousseau, Peter Paul Rubens, Georges Seurat, Henri de Toulouse-Lautrec, Jan Vermeer, Leonardo da Vinci (GS, SEK)
Anmalen und Weitergestalten für kleine Künstler (GS,SEK)

Superleckere Smoothies, 2 Bände (GS, SEK)
Superleckere Smoothies und Shakes (GS, SEK)
Kunstgeschichte für Kinder (GS, SEK)
Farbe - Komplette Theorie im modernen Kunstunterricht (SEK)
Design - Moderner Kunstunterricht in der Sekundarstufe (SEK)
Moderne Kunst, 3 Bände (SEK)
Künstler in die Klassen, 3 Bände (SEK)
Kunstwerke für Schulen, 3 Bände (SEK)
Kunst in Kürze (SEK)
Kunst COOL, (SEK)
Kunsttipp & Co, 3 Bände, (SEK)
Kunstknaller, 2 Bände (SEK)
Logikrätsel Kunst, 2 Bände (SEK)
Kreuzworträtsel Kunst (SEK)
Emmas Kunstentdeckungen (SEK)
Wir werden Kunstprofi, 2 Bände (SEK)
Kunst fachfremd unterrichten (SEK)
Entspannungsmalen, 2 Bände (SEK)
Internationale Gegenwartskunst (SEK)
Kunst in 3 Niveaustufen (SEK)
Freies Kreativzeichnen (SEK)
Raum und Perspektive (SEK)
Die Kunstepoche Barock (SEK)
Die Kunstepoche Gotik (SEK)
Die Kunstepoche Romantik (SEK)
Die Kunstepoche Klassizismus (SEK)
Die Kunstepoche Impressionismus (SEK)
Die Kunstepoche Expressionismus (SEK)
Die Kunstepoche Realismus (SEK)
Die Kunstepoche Renaissance (SEK)
Die Kunstepoche Jugendstil (SEK)
Kreatives Gedächtnistraining (SEK)
Große Kunstgeschichte, 2 Bände (SEK)
Kunstquizzer (SEK)
Vertretungsstunden Kunst (SEK)
Kreative kurze Kunstprojekte (SEK)
Moderne Kunst, 3 Bände (SEK)
Kunstthema Landschaft (SEK)
Kunstthema Alltag (SEK)
Kunstthema Porträt (SEK)
Kunstthema Stillleben (SEK)
Die große Graffitischule (SEK)
Das große Graffiti-Schulmalbuch (SEK)